Madame Marouskas letzter Auftritt

Von Paul Riedel

Buchbeschreibung:

Dieses Drehbuch für ein Hörspiel beschreibt ein Stück, das auch auf einer Theaterbühne vorgeführt werden kann.

Hier sind ebenfalls Angaben zu erforderlichen Regieangaben, Toneffekte, Szenenwechsel und Alternativen für die Vorführung.

Über den Autor:

Geboren in Brasilien, wuchs ich in der Stadt Sao Paulo auf. Mein Interesse an der Literatur begann in den siebziger Jahren. Damals las ich alle Romane von Simenon, Christie oder Marion Zimmer Bradley, die ich fand.

Ich entwickelte später meinen eigenen Genre, wo Gewalt nicht vordergründig ist, aber nunmehr Bestandteil der Psyche und des Lebens der Charaktere.

Die deutsche Sprache war für mich nie leicht, aber die Herausforderung reizt genug, um diese mit aller Kraft anzugehen.

Ich lebe seit 1984 in München, wo ich Stadtführungen und Kunstseminare anbiete.

Am Ende dieses Buchs finden Sie eine Liste meiner derzeitigen Werke.

Madame Marouskas letzter Auftritt

Drehbuch für ein Hörspiel

Von Paul Riedel

+49 89 74747493

info@paul-riedel.de

http://www.paul-riedel.de

1. Auflage, 2021

© Alle Rechte vorbehalten.

Herstellung und Verlag:

BoD – Books on Demand, Norderstedt

ISBN: 978-3-7534-9499-9

info@paul-riedel.de

http://www.paul-riedel.de

Vorwort

Die Szenen wurden nach Tarotkartenbilder benannt. Diese Vorgehensweise zum Thema kann auch bei dem Bühnenbild berücksichtigt werden.

Die Welt der Esoteriker lässt sich nicht mit einfachen Wörter erklären, aber alle glauben an etwas, was nur sie versehen können.

Jedoch auch dort sind Menschen, die sich um den Grundbedürfnissen erst kümmern, und zwar das Leben auf dem Diesseits.

Die Charaktere

Geraldine gibt gerne Geld aus und alte Schulden werden nach Möglichkeit beglichen. Die mimt die Vertretung von dem ‚Medium' Madame Marouschka. Dabei profitiert Geraldine vom Ruhm der alten Dame. Das Ende dieser Einnahmequelle rückt jedoch näher rücken, denn Madame Marouschka ist bereits krank und dement. Ettel ist eine gute Seele, die Geraldine treu seit vielen Jahren begleitet. Sie glaubt an dem Jenseits. Aber auch sie braucht Geld, um zu leben. Sie imitiert die Stimme von Madame Marouschka in Séance-Abenden in den Gemächern der alten Dame. Sie hört nicht mehr gut, aber sie hat kein Geld, um ihr Hörgerät, reparieren zu lassen.

Adele hat den verstorbenen Eberhard wegen seinem Geld geheiratet. Trotz Heirat mit der wesentlich jüngeren Adele blieb Eberhard Madame Marouschka weiterhin immer treu. Hanjo ist ein Mann, der das Leben gerne genießt, und von Gelegenheitsjobs lebt. Er sucht verzweifelt eine Frau, die Geld hat.

Alle Szenen spielen im Séance-Raum von Madame Marouschka, nur die letzte Szene spielt sich in einem Kaffee oder irgend einem öffentlichen Raum.

1. Die Sonne

Karten auf dem Tisch.

Erzähler

Ich lege einem Kreuz und lese das Schicksal diese, die meine Stimme hören.

Im Tarot kann man jede Karte der Großarkanen sowohl positiv als auch negativ deuten.

In verzweifelten Situationen greifen die Menschen nach jeglicher Form von Hilfe, egal wie seriös sie sein mag.

Vernunft ist fakultativ.

Jeder glaubt das, was er glauben will.

Ich sehe die erste Karte in dieser Botschaft. Es ist die Sonne. Ich lege sie in Mitte des Kreuzes.

Die Sonne bedeutet, Hoffnung, Erfolg aber es kann auch bedeuten, dass man geblendet wird und nicht mehr klar sehen kann.

Irgendwo in München, leben zwei Frauen, die nach Erfolg suchen.

Zeitungspapier

Geraldine

Ettel, findest du es nicht komisch, dass wir seit 3 Monaten nichts mehr von Eberhard hören?

Er hat immer behauptet, dass er Madame nie allein in der Not lassen würde.

Ettel

Das interessiert uns weniger, Geraldine. Was mich viel mehr interessiert ist, dass er seit vier Monaten kein Geld überwiesen hat. Ich fange an, die Tapeten zu essen.

Geraldine

Er weiß, dass wir uns liebevoll um Madame Marouschka kümmern.

Ettel

Ob er sauer ist, dass du Urlaub in Sitges gemacht hast?

Geraldine

Sei nicht töricht. So wie ich schufte, um eine demente alte Dame zu pflegen, muss ich auch mal einen Urlaub machen. Aber unser Problem ist, Madame war immer nur die Geliebte. Das ist niemals eine sicherere Stellung für eine Frau.

Ich denke, wir sollten uns mal nach anderen sicheren Geldquellen umsehen.

Ettel

In seinem Alter kann er unmöglich eine andere Geliebte gefunden haben. Ich fürchte auch, die Geisterwelt wird sich an uns rächen wollen, wenn wir weiterhin vortäuschen, dass Madame sich mit Geistern unterhält.

Geraldine

Du und dein Aberglauben. Manche junge Dame würde morden, um einem reichen Mann wie Eberhard für einige Monate Liebe vorzutäuschen.

Verschwörerisch

Man muss nur etwas Zeit investieren. In seinem Alter gibt man bald den Löffel ab.

Die Aktuelle, huhm ... die ist so eine, habe ich gehört. Du weißt, von Krankenpflegerin zu ...

Ettel

Wie verwerflich.

Telefon klingelt

Geraldine

Endlich wieder Kundschaft.

Ettel

Ich schaue nach Madame Marouschka.

Tür zu.

Ambiente Musik.

Geraldine

Madame Marouschkas Assistentin.

Adele

Hier spricht die Witwe von Eberhard Böttscher. Kann ich mit ...

Visitenkarte Geräusch

... Madame Marouschka sprechen. Ich heiße Adele Böttscher.

Geraldine

Oh nein. Ebe... Herr Böttscher ist gestorben?

Mein herzlichstes Beileid. Tut mir leid, aber Madame hält sich von weltlichen Geräten fern. Darum spreche ich für sie am Telefon.

Aber alles, was sie mir anvertrauen, werde ich persönlich an Madame weitergeben.

Adele

Leichte Andeutung

Sie kannten meinen Verstorbenen auch?

Geraldine

Erschrocken

Nein!

Pause

Aber irgendwie schon. Ähhn

Wir haben uns bestimmt einige Male getroffen, als ... er
... Madame Marouschka konsultiert hat.

Adele

Ja. Verstehe ich. Nun, er starb vor einem Monat.

Geraldine

Das tut mir leid.

Tischrechner

Was kann ich für sie tun?

Adele

Es ist mir etwas peinlich, aber ich fand die Visitenkarte
von Madame Marouschka in seinen Sachen. Er scheint sie
ziemlich lang vor unsere Ehe gekannt zu haben.

Ich wollte wissen, in welcher Beziehung **sie** zu ihm
stand.

Tür auf und zu.

Geraldine

Ach das ... Sie ist eine sehr alte Dame.

Er war ein treuer Klient von Madame Marouschka seit
vielen Jahren.

Schuhe von Ettel im Raum

Sie beriet ihn in vielen ... Angelegenheiten.

Ambiente Musik aus.

Ettel

Oh ja. Heilige Mutter Gottes.

Geraldine

Shssch.

Ettels Gelächter

Adele

Es ist zwar sehr persönlich, aber ich muss erzählen, dass er mich immer wieder belogen hat, daher musste ich nachfragen.

Sie als Frau verstehen mich, nicht wahr?

Klient von was? Was macht Madame Marouschka?

Geraldine

Sie ist ein Medium und Tarotkarten-Legerin.

Suspense Echo Anfang

Mehr als ein Medium, sie ist die Stimme des Jenseits. Sie spricht mit der Geisterwelt und bekommt von dort ihre Botschaften.

Mit den Tarot-Karten erreicht sie das Wissen über die Zukunft und löst die Probleme aus der Vergangenheit.

Suspense Echo Ende

Sie ist absolut seriös und wird von der Geisterwelt absolut respektiert.

Adele

Unglaublich. Ich wusste nicht, dass mein verstorbener Mann an sowas glaubte. Er vermied es sich, mit mir über solche Dinge zu unterhalten.

Er dachte bestimmt, dass das nur ein Thema für alte Menschen ist ...

Ich habe großen Respekt, für Personen mit solchen Begabungen.

Geraldine

Ja. Oh!

Bedeutende Pause

Was kann Madame Marouschka für sie tun?

Adele

Ich glaube, Madame Marouschka könnte wirklich eine Hilfe sein.

Violine Suspense

Ich finde seinen Nachlass nicht, zumindest nicht alles.

Katschin

Ich meine, ich lebte mit ihm zwei Jahre ... fast ... und er hat mehr von meiner Jugend, als ich von seinem ... Alter.

Geraldine

Wie denn? Was meinen Sie damit? Welchen Nachlass?

Adele

Eberhard starb, ohne zu erzählen, wo seine Aktien sind.

Ein Mann mit so viel Geld muss auch Aktien haben? Oder?

Weder sein Anwalt noch unser Steuerberater wissen etwas darüber, aber ich weiß, dass er jeden Monat einen großen Betrag an Geld investiert hat.

Ich entdeckte einige Überweisungen an M&M und war mir nicht sicher, was das ist, bis er mir erzählte, kurz bevor er von uns ging, dass es sich hierbei um eine Investition handelt.

Geraldine

Ich weiß nicht ... Oh? M&M?

Ich denke, Madame wird da nicht helfen können.

Hat er ein Testament hinterlassen?

Adele

Madame könnte vielleicht mit seinem Geist sprechen,
und mir dadurch helfen die Sachen zu finden.

Auf Mundart wechsel

Ich verstand nur „...tition" und als ich nachfragte, war er
aufgebracht und beschimpft mich sehr persönlich.

Er klang nicht mehr verständlich lallte nur noch und
teilweise fantasierte er auch.

Aber das Geld muss doch irgendwo sein.

Geraldine

Ach, Investitionen? ... Da bin ich mir sicher.

Madame ist eine sehr beschäftigte und zarte Dame, ich
weiß nicht.

Adele

Wenn sie sich nur kurz, für mich Zeit nehmen würde?

Flehenden Ton

Geraldine

Ich muss das mit ihr besprechen.

Adele

Ich bezahle jeden Betrag.

Eberhard hat viel Bargeld hier im Haus hinterlassen.

Katschin Ton

Geraldine

Bargeld?

Zufällig habe ich noch einen Termin morgen frei.

Zahlen sie auch bar?

Adele

Selbstverständlich.

Telefon auflegen

Ettel

Wer war das?

Geraldine

Adele, die Frau von Eberhard. Die, worüber ich zuvor sprach. Sie ist recht jung. Eberhard ist gestorben. Sie war seine Krankenpflegerin und hat ihn vor zwei Jahren zur Hochzeit überredet.

Das Luder macht sich jetzt an seinen Nachlass.

Madame war mit ihm über vierzig Jahren zusammen. Wir haben mehr Recht auf sein Erbe als sie.

Ettel

Oh nein. Hat sie herausgefunden, dass er der Liebhaber von Madame Marouschka war?

Geraldine

Nein, aber sie will mit seinem Geist sprechen.

Ich glaube, er sprach mit seiner Frau, bevor er starb, und wollte ihr etwas über ‚Visionen' erzählen.

Egal, sie verstand ‚Investition'. Sie abzuweisen wäre dämlich. Wir brauchen Geld und wenn Madame stirbt, müssen wir noch für das Begräbnis Geld aufbringen, und es ist kein Geheimnis, dass sie in den nächsten fünf Jahren von uns gehen wird.

Ettel

Sie oder ich. Ich kann ihre Anfälle nicht mehr ertragen.

Dir ist klar, dass Madame Marouschka zu instabil ist und sollte sie, jemals mit einem unseren Klienten spricht, landen wir bestimmt im Knast.

Letztes Mal hat sie Frau Hacker mit ihrer Konkurrentin von früher verwechselt und wollte Streit anfangen.

Geraldine

Ach ja, ich habe das trotzdem gut hingebogen.

Du machst die Stimme von Madame Marouschka weiter von der Tonkabine aus und ich leite die Séance.

Lauter sprechen

Du musst aber dein Hörgerät reinigen lassen.

Wir brauchen Madame noch einige Male und **ich** muss mir noch überlegen, was ich dieser Adele erzählen soll.

Das Geld was sie sucht, ist der Unterhalt, den Eberhard an Madame bezahlt hat. Ich muss mir was überlegen.

... *Vielleicht* zahlt sie dann an uns weiter ...

Ettel

Was machen wir, wenn sie wieder Blödsinn labert?

Geraldine

Damit komme ich klar. Ich erzähle dann was von: ... Die Welt auf der anderen Seite des Schleiers des Lebens ist nicht nachvollziehbar ... und lauter so ein Zeug. Bisher sind alle gut damit klar gekommen.

Ettel

Ich brauche auch Geld.

Meine Hörgeräte sind teuer und wenn ich kein Geld habe, kann ich sie nicht reparieren lassen.

Geraldine

Sie zahlt gut und lang lebt Madame nicht mehr. Also wenn wir nicht jetzt zugreifen, sind wir bald ...

Effekt, um die Aussage zu dramatisieren

Am Ende.

Bereite Madame für morgen Abend vor.

Damit sie nicht zu viel redet, gibt ihr zwei Valium heute Abend, dann ich sie bis morgen Vormittag ruhig.

Ettel

Wie heißt Eberhards Frau?

Geraldine

Adele. Klingt nach einen ...

Burleske Musik

Stangenname.

Lacher

Das ist ein Name. Adeeehhhle

Sie war bestimmt früher Animierdame in einem Nachtlokal.

Ettel

Ich habe auch eine Tante, die Anette heißt.

Geraldine

Wie kommst du auf Anette?

Adele. Du bist taub und verstehst nie was *richtig*.

Ettel

Das ist gemein. Sicher verstehe ich, wie *wichtig* das ist.

Geraldine

Bereite Madame für morgen Vormittag vor.

Vergisst es nicht, gibt ihr zwei Valium.

Ettel

Zwei.

2. Der Tod

Erzähler

Der Tod ist kein Unheil, aber Teil des Lebens. Diese Karte bedeutet im Tarot, Abschluss einer Phase, Ende einer Pein.

Aber achte! Umgekehrt kann es auch einfach Tod bedeuten.

Dieser steht allen Lebenden bevor.

Tragische Musik

Tür geht auf

Ettel

Geraldine, du und deine verfluchte Zunge. Oh nein.

Ettel weint.

Geraldine

Was ist passiert Ettel?

Ettel

Madame liegt Tod im Bett. Es waren bestimmt zu viel Valium für sie.

Geraldine

Was? Ausgerechnet heute. Mist.

Ettel

Soll ich den Arzt anrufen?

Geraldine

Das ist selbstver...

Musik aus.

Katschin Ton

Ettel

Was denn?

Geraldine

Warte. Wir können den Arzt auch nach einem letzten Auftritt anrufen.

Ettel

Oh nein. Und mit einer Leiche im Haus bleiben?

Meine Tante hat meine Familie verflucht und nach ihrem Tod hat sie uns jeden Tag heimgesucht.

Suspense

Wir mussten sogar eine Messe des heiligen Mauritius in die Sankt Annas Kirche für sie beten.

Geraldine

Blödsinn. Wer will schon deine Bauern-Familie besuchen?

Willst du auf das Geld verzichten?

Wie ich sehe, auf die Juwelen von Madame willst du bestimmt nicht verzichten.

Ettel

Das braucht sie nicht mehr. Was machen wir mit Anette, der Witwe?

Geraldine

Komm, hilf mir. Wir setzen sie in den Séance-Raum und schließen ihr die Augen.

Wenn die Frau von Eberhard bezahlt hat und die Séance fertig ist, rufen wir den Arzt an und überlegen uns, wie es weiter gehen soll. Aber nimm das Geld diskret weg, während der Séance.

Ich will nicht, dass sie das Geld wieder einsteckt.

Ettel

Das ist aber unheimlich. Ich gehe danach, in die Asamskirche um für ihre Seele zu beten. Wir werden unser Karma damit belasten. Ich kann mir nicht vorstellen, dass die Geisterwelt damit einverstanden wäre.

Geraldine

Die Geisterwelt kann mich mal. Ich zahle die ganzen Rechnungen am Ende des Monats.

Du machst weiter die Stimme von Madame Marouschka und **ich** leite die Séance.

Ettel

Was will die ... Frau ... denn wissen?

Geraldine

Angeblich sind Aktien verschwunden.

Offenbar hat sie nicht gewusst, dass ihr Verblichener jeden Monat eine Apanage an Madame bezahlt hat.

Sie denkt, dass er das Geld in Aktien investiert hat. Es gibt aber kein Geld bei M&M.

Ettel

M&M? Ah.

Wie hätte sie, das denn merken können?

Geraldine

Ist mir auch egal. Sie war seine Krankenschwester und keine Steuerberaterin.

Holen wir die Tote schnell runter, bevor sie steif wird.

Ettel

In den letzten fünf Jahren haben die Séancen mit einer Dementen meistens geklappt, aber mit einer Toten?

Geraldine

Eventuell hast du recht. Wir brauchen Hilfe.

Wir brauchen eine männliche Stimme.

Musikalische Einlage

3. Der Eremit

Erzähler

Der Eremit kommt auf den Norden des Kreuzes. Er zeigt den freien Geist, die Kreativität und das Unerwartete.

In manchen Fällen aber kann das auch bedeuten, dass der Mensch voller Fehler ist.

Ettel

Mach bloß keine Fehler, wenn du das abliest.

Denke dran, der Lautsprecher muss bei Madame sein. Aber **ich** bringe ihn an.

Hanjo

Ich bin kein Depp. Seit wann trägst du die Klunker von
Madame?

Ettel

Das diskutiere ich nicht.

Ihr jungen Menschen glaubt, dass es reicht, um Geld zu
betteln.

Wenn du Geld brauchst, dann musst du auch dafür
arbeiten, und zwar richtig.

Hanjo

Ich höre, die Fragen die Geraldine stellt, und beantworte,
sie so, wie es hier im Skript steht. Mit der Stimme von
Eberhard.

Ich kenne mich mit diesem Apparat aber nicht aus. Tante
Ettel, wie soll ich das bedienen?

Vorlesen habe ich bereits mehrmals gemacht und das hat
bisher immer geklappt.

Ettel

Häh?

Geraldine war wegen dir sehr sauer, weil du letztes Mal
besoffen warst.

Sie hat gesagt, dass du hierbleiben musst, bis die Klientin
kommt, und wage es nicht nur ein Bier dazwischen
trinken.

Tee oder Kaffee, mehr ist bis zum Arbeitsende nicht drin.

Hanjo

Ich bin ein Künstler. Ich trinke nur, wenn ich depressiv
bin.

Ettel

Du bist nur ein Betrüger und von Kunst hast du so viel
Ahnung, wie ich.

Hanjo

Tante, hier riecht es komisch.

Wie viel verdient ihr an dieser Frau?

Ettel

Weiß ich nicht, aber wenig ist es nicht.

Sie ist die junge Witwe von dem Liebhaber von Madame.

Er hat viel Bargeld hinterlassen. Ich bin mir ziemlich sicher, dass das für Madame gedacht war.

Tür öffnen.

Hanjo

Puh. Madame hat bestimmt in die Höschen gemacht. Die Tante Wilma war auch dement. Erinnerst du dich?

Sie machte sich ständig ...

Ettel

Spreche nicht so respektlos über die Schwester von Anette. Wenn der Geist von Wilma uns hört, kann sie uns verfluchen.

Hanjo

Madame ist immer noch dement.

Wenn die Polizei das mitkriegt, landen wir wegen Missbrauch der alten Dame alle in Münchener Stadelheim.

Ettel

Madame ist damit einverstanden. Für heute lasse ich sie wieder diese riesen Klunker tragen.

Das ist ihr liebste Stück.

Hanjo

Du musst Madame baden Tante.

Hanjo niest und putzt seine Nase angeekelt

Ettel

Hier hast du nichts zu bestellen. Raus aus dem Zimmer.
Madame muss sich konzentrieren.

Hanjo

Und waschen.

Hanjo niest wieder

Machst du den *Lautsprecher* an?

Ettel

Ja, kein *Versprecher*.

Geh in den Tonraum und Ruhe, bis ich dich raus hole.

Hanjo

Mach die Fenster auf. Puh!

Ettel

Raus hier.

4. Rad der Fortune

Erzähler

Oh nein! Das Rad der Fortune am linken Arm des
Kreuzes. Sie dreht jedes Mal, dass im Leben einen
Menschen die Glück und Hoffnung in dem Schicksal sich
zeigen.

Wichtig dabei ist, dass es nicht umgekehrt dreht.

Geraldine

Hat Hanjo etwas über ...

Flüstern

Den Zustand von Madame erfahren?

Ettel

Nie im Leben. So wie mein Neffe plaudert, erzählt er alles
überall. Müssen wir das hier wirklich machen?

Die Toten wollen sich vielleicht rächen.

Geraldine

Ich brauche Geld und **du** noch mehr.

Ettel

Sei leise, Hanjo sitzt im Tonraum.

Geraldine

Bist du sicher, dass er nichts getrunken hat?

Ettel

Ich habe es selbst überprüft. Ich habe an seinem Maul gerochen. Keine Sorge.

Geraldine

Brr...

Flüstern

Ich glaube, unsere Klientin ist da.

Fenster

Oh Gott. Sie fährt aber eine **teure** Karosse. Lüfte den Raum noch mal und hole die ratsuchende Konsulentin herein.

Ettel geht in Séance-Raum

Ettel

Was machst du hier drin?

Madame muss sich konzentrieren.

Hanjo

Oh nein, das tut sie nie wieder.

Violine Suspense

Ich wollte ihr den Lautsprecher richten und da war sie schon tot.

Geraldine kommt auch im Séance-Raum

Geraldine

Was macht Hanjo hier Ettel?

Du solltest das machen.

Hanjo

Heulen

Sie war schon tot. Ich habe nichts getan.

Ettel

Er wollte den Lautsprecher anbringen.

Geraldine

Hanjo, geht ins Tonstudio und halte die Klappe. Und hör
auf zu weinen.

Ettel!

Oh mein Gott. Musst heute jetzt alles schief laufen?

Ettel

Das ist die Rache der Toten.

Hanjo wimmert

Geraldine

Wir müssen Ruhe bewahren.

Hanjo, bleibe ruhig und gehe hinter in den Tonraum.

Ettel mach das Fenster auf und lüfte hier den Raum.

Fenster

Hanjo putzt seine Nase wieder

Ich gehe zur Tür.

Wir sprechen darüber nach der Sitzung.

Schuhe auf Parkett

Mist! Mist! Mist!

Ettel

Die Tote werden sich rächen sich wegen unserer Gier. Ich werde zehn Rosenkränze für uns beten.

Hanjo

Wie heißt die Frau, die zu uns kommt?

Ettel

Ich glaube, sie heißt ... Anette.

5. Haus Gottes

Erzähler

Das Haus Gottes ist bei weitem nicht so fromm, wie es heißt, und steht fern davon, den Weg zum Himmel zu bedeuten.

Wie unheimlich wirkt sie im Süden des Kreuzes.

Ich würde auch nicht alles glauben, was diese Karten erzählen, weil für jedes Gute, gibt es immer auch was Schlechtes zum Ausgleich.

Ettel und Hanjo sitzen im Tonraum und Geraldine und Adele in Seance-Raum

Geraldine

Seien sie bitte leise und nehmen sie hier Platz.

Stuhl auf Parkett

Schnauben von Adele

Die Geister sind heute etwas aufgebracht und Madame fühlt sie sehr nah.

Hanjo ekelt sich im Tonraum

Ettel

Aus dem Tonraum mit jammernden Stimme

Sehr nah.

Stuhl auf dem Boden.

Adele

Unsicher

Guten Abend.

Geraldine

Wie kann Madame Ihnen heute helfen?

Adele

Seit mehreren Jahren überweist mein Mann Geld an ein bestimmtes Konto. In der Überweisung stand nur etwas von einer Investition bei M&M.

Ich schätze, es ist über eine Million Euro ...

Aus den Tonraum

Hanjo

Eine Million?

Ettel

Klappe.

Geraldine

Sie beunruhigen die Geister und Madame. Sprechen sie ruhig und halten sie ihre Hände auf dem Tisch.

Hanjo

Aktien?

Adele

Ja, irgendwo investiert er das Geld, aber ich finde keine Unterlagen darüber.

Ich gehe freitags gerne ins traditionellen Café-Luitpold.

Dort traf ich eine Freundin, die mir riet, mit Madame zu sprechen.

Ich glaube auch, sie ist eine Klientin von Madame.

Geraldine

Bitte legen sie ihre Spende für die Bemühungen von Madame auf das silberne Tablett.

Fingertippen auf das Tablett

Adele

Sniffen

Hier riecht aber komisch.

Geraldine

Madame ist sehr alt, ... bitte seien sie diskret.

Adele

Können sie herausfinden, wo das Geld von meinem Mann
ist Madame?

Geraldine

Moment.

Nur ich spreche mit Madame. Sie sprechen bitte zu **mir**.

Die Geister wollen es so.

Adele

Sollen wir uns die Hände geben?

Geraldine

Schreck

Hah!

Das ist nur ein Aberglaube. Berühren sie Madame nicht
an. Das stört die ... ähnn ... Schwingungen ...

...

Das könnte unsere Verbindung abbrechen.

Ettel

Aus dem Tonraum.

Echo

Über meine Lippen sprechen die Geister.

Wie viel Bargeld hat Eberhard dir hinterlassen?

Hanjo muntert Ettel auf dies zu fragen auf

Adele

Unheimlich. Es hört sich an, als wäre Madame nicht hier
im Raum. Wieso weiß er das nicht?

Geraldine

Die fernen Stimmen der Toten klingen niemals im Raum,
das weißt jeder, oder?

Adeles stumme Zustimmung

Er kann aus dem Jenseits nichts sehen. Aber er will sicher
sein, dass Sie sind, wer Sie behaupten zu sein.

Bitte stellen Sie Ihre Frage.

Adele

Ich habe es nicht gezählt, aber das ist mehr als eine halbe
Million.

Hanjos Schrei

Wo sind die Aktien von meinem Mann?

Pause

Gemurmel aus der Tonkabine

Geraldine

Madame wird Kontakt mit ihrem Mann aufnehmen.
Legen sie das Geld bitte auf das Tablett.

Adele

Ich bezahle aber nur, wenn ich eine Antwort bekomme.

Hanjo

Aus dem ausgeschalteten Lautsprecher

Darf ich fortfahren?

Ettel

Aus dem Tonraum.

Depp. Du musst ...

Lautsprecher eingeschaltet

Hier drücken.

Hanjo

Darf ich fortfahren?

Geraldine

Die Gabe. Die Geister warten.

Geld auf dem Tablett

Danke für ihre Gabe. Ja Geist, spreche zu uns.

Knopf der Tonraum muss ein und ausgeschaltet werden

Hanjo

Wie viel Bargeld habe ich Dir hinterlassen?

Ettel

Das ist nicht im Skript.

Hanjo

Ich brauche Geld für heute Abend.

Adele

Hier riecht aber sehr ungewöhnlich.

Ende der Knopf Effekte

Geraldine

Die Geister scheinen nicht zufrieden zu sein.

Ihre Gabe ist zu gering und sie verstehen es als Beleidigung, darum senden sie diese Gerüche in den Raum.

Geld auf dem Tablett

Adele

Kann es sein, dass er das Geld in den Überweisungen für etwas anderes benutzt hat?

Ich meine, nicht für Aktien?

Ich habe zwar aufgepasst, aber Frauen, sie wissen, gibt es
überall.

Andeutend

Er war auch nicht mehr so wählerisch.

Geraldine

Ich bitte Sie. Madame muss sich konzentrieren.

Es dauert nicht lang. Wenn sie geantwortet hat, müssen
sie gehen.

Die Geister sind heute sehr unruhig.

Adele

Wieso antwortet sie nicht?

Ich habe schon bezahlt.

Geraldine

Geister, wo sind die Aktien, die Adele sucht?

Pause

Geraldine

Geister?

Tritt auf den Fußboden

Ettel

Flüstert

Der Knopf.

Hanjo

Lautsprecher aus

Ja.

Lautsprecher an

Geisterstimme

Hallo Anette, warum rufst du mich?

Geraldine

Adele Geist. Adele ist hier nicht Anette.

Zu Adele sprechend

Anette ist eine entfernte Verwandte von Eberhard.

Adele

Ich kenne keine Anette in seiner Familie.

Geraldine

Ich spreche von seiner spirituellen Familie.

Adele

Ahn.

Wieso antwortet sie nicht auf meine Frage?

Geraldine

Geister,

Hanjo und Ettel haben Probleme mit den Knöpfen

... Adele sucht nach weiteren Geldern.

Adele

Das Ganze hier klingt nicht seriös.

Geraldine

Ich weiß nicht, was sie meinen.

Hanjo und Ettel haben wieder Probleme mit den Knöpfen

Sie beunruhigen die Geister.

Adele

Die Alte schläft.

Geraldine

Tut sie nicht. Sie ist konzentriert.

Ettel

Kommt aus dem Tonraum.

Die Geister bitten darum die Gabe, zum Altar zu bringen.

Geld wird vom Tablett geholt

Adele

Hei! Diese Brosche da von Madame erkenne ich sehr gut.

Die war von Eberhards Mutter. Ich wollte die, als Geschenk haben. Das kostet ein Vermögen. Gib das sofort her.

Schreck bei Hanjo

Ich glaube, Madame war mehr als nur eine Beraterin von meinem Mann.

Was geht denn hier vor?

Geraldine

Setzen sie sich.

Ettel raus.

Ettel

Ich befolge nur die Anweisungen aus der Geisterwelt.

Kommt aus dem Raum

Adele

Du miese alte Schachtel. Gib mir das zurück.

Stühlen bewegen sich

Ihr seid alle nur Betrüger.

Geraldine

Hände Weg von Madame.

In Richtung Ettel

Ettel, hilf mal hier.

Watschn

Leiche fällt runter

Adele schreit

Hanjo

Anette, bring mir Geld, damit ich mehr sprechen kann.

Lallend

Meine Verbindung wird schwach.

Geraldine

Oh mein Gott...

Adele

Was ist mit ihr passiert?

Drama

Geraldine

Sie haben Madame getötet...

Adele

Wieso nennt er mich Anette?

Geraldine

Hanjo bitte.

Anette Raus hier. Ich werde mich um Madame kümmern.

Ihr Mann hat sie verwechselt, weil ...

... Madame gestorben ist.

Raus, weg, sie Mörderin.

Adele

Ich kann nicht in den Knast gehen. Gerade jetzt, wo ich
das Geld bekommen kann.

Geraldine

Raus hier. Ich spreche mit den Geistern und der Polizei.
Die Rechnung bekommen sie noch.

Hanjo schreit Polizei und flieht

Adele geht schreiend raus

6. Das Gericht

Erzähler

Vor und nach dem Tod wird über uns gerichtet. Und die Botschaften der Geister war eindeutig. In nachstehende Zukunft wird viele Gutes kommen, aber auch Ungutes wird folgen.

Madames letztem Auftritt konnte sie in persona selbst nicht beiwohnen, aber in Geist.

Sie wirkte bei dem Event ebenso beeindruckend, wie sie sonst in ihrem Leben immer war.

Nicht alle bekamen, was sie erwartet haben, aber jeder bekam etwas Unvergessliches fürs Leben.

Geraldine

Ich habe den Krankenwagen gerufen.

Geld zählen

Ettel

Du und deine Ideen.

Sowas machen wir nie wieder. Es wäre beinahe alles schief gegangen.

Geraldine

Was heißt beinah? Es war eine Katastrophe.

Ich hoffe nur, dass Adele uns nicht anzeigt.

Hast du das Geld gezählt?

Ettel

Fast fertig.

Aber, Anette kommt nie wieder.

Geraldine

Egal. Mit dem Geld, das sie bezahlt hat, können wir uns neu aufstellen und ich werde zu Madame Rubinea, die verschollene Tochter von Madame Marouschka.

Geld zählen aus

Adele wird noch einige Rechnungen von uns bekommen.
Sie denkt immerhin, dass sie Madame getötet hat.

Ettel

Verängstigt

Die Geister werden sich an uns rächen. Die heilige
Augustine wird uns mit ihr Schwert jagen.

Geraldine

Von mir aus. Ich habe der Polizei erklärt, dass Madame
allein zu Hause war und bestimmt mit der Geisterwelt
sprach, als sie aus dem Leben schied.

Wo ist Hanjo hingegangen?

Ettel

Er ist so erschrocken, dass er sich nach der Séance ohne
Geld verdünnisiert hat.

Geraldine

Wir müssen in die Stadt fahren. Ich muss ein Kostüm für
das Begräbnis kaufen.

Geraldine stolziert vor dem Spiegel

Es werden viele Trauergäste da sein.

Ettel

Aber keiner der uns bezahlen wird.

Geraldine

Ich werde meine Hand ganz dramatisch auf den Sarg
legen.

Und wenn ich dann während der Zeremonie mit dem
Geist von Madame spreche, dann kommen wir sogar in
die Zeitung.

Ettel

Aber sie wird doch eingeäschert. Wie willst du mit der
Asche von Madame sprechen?

Geraldine

Madame wird wie ein Phönix aus der Asche erscheinen und mit mir sprechen. Nimmt deine Tasche.

Ettel

Welche Asche?

Ich muss meine Hörgeräte reparieren lassen.

Geraldine

Madame wird mir fehlen.

Ettel

Ich werde dich daran erinnern.

Szenenwechsel

In einem Café

Adele

Das ist aber interessant. Sie sind den zweiten Mann in meinem Leben, der an Geister glaubt.

Hanjo

Meine verstorbene Frau sprach zu mir. Sie kam auch gerne hier in diesem Café.

Romantischer musikalischer Hintergrund

Sie sagte mir, dass ich hier eine neue Frau kennen lernen werde.

Adele

Ihre Frau muss sie aber sehr geliebt haben. Hat sie ihnen viel hinterlassen?

Hanjo

Etwas, aber wichtiger war die Liebe, die sie hinterlassen hat.

Adele

Was machen sie momentan?

Hanjo

Ich mache eine künstlerische Pause. Ich will einige Monate nur malen. Ich bin weiterhin in tiefer Trauer. Meine Gemälde sind zwar etwas teuer, aber bei meinen Ausstellungen bin ich immer sehr erfolgreich.

Dort zeige ich meine Liebe.

Adele

Ich würde gerne mal Modell sitzen.

Hanjo

Stimmen verschwinden in der Ferne

Das lässt sich arrangieren. Ist Ihre Wohnung groß genug?

Adele

Ja, aber es liegen überall alte Sachen herum.

Hanjo

Ich habe einen Freund, der alte Sachen im Flohmarkt verkauft.

Adele

Wie praktisch...

Erzähler

Ich schließe diesen Tisch und freue mich auf unsere nächste Begegnung.

Ich bin überzeugt, dass sie meine Botschaften wieder benötigen werden.

Darum abonnieren sie unser Kanal und setzen sie ein Like oder spendieren sie auf unserem silbernen Tablett.

Egal was sie machen, wichtig ist, dass unsere Geister in Verbindung bleiben.

<Vorstellung der Darsteller>

<Vorstellung der Regie>

<Vorstellung der Produktion>

Weitere Veröffentlichungen des Autors

Deutsche Romane

Altreia, Drama, 1998

Geheimnis der verdorrten Rosen, Mystery, 2009 – Reimo Verlag *

Virtuelle Liebe, Kurzroman, Thriller, 2016 *

Paloma, Kurzroman, Thriller, 2016 *

Die Muse, Kurzroman, Erzählung, 2016 *

Post-mortem Kino, Roman, Drama, 2016 *

Die Heilerin, Roman, Thriller, 2017 *

Geheimnis der verdorrten Rosen, Mystery, 2017 (neue Version) *

Der Zauberspiegel des Eros, Roman, Thriller, 2017 *

Das Tal, Roman, Thriller, 2017 *

Jahreszeiten der Sünde, Roman, Thriller, 2018 *

Sein letztes Opfer, Roman, 2020 *

Wieland, der Schmied, Volksheldensage, 2020 *

Hildegundes Sage, Volksheldensage, 2020 *

Englische Romane

Virtual Affairs, 2018 *

Paloma, 2019 *

Earl Rasnov's Bloody Soiree, 2019 *

Deutsche Hörspiele und Comics

Roberta, 2020

Die Muse, 2019

Paloma, 2018

Virtuelle Liebe, 2017

Kunstkataloge

Geliebter Vater, 1995 *

The new Artist, 1996 und 1997

Liebe in Stücken, 2009 *

Kunstkatalog, 2010

Liebe in Stücken, Edition II, 2016 *

Kunstkatalog, 2017 *

Kunstkatalog, 2018 *

Kunstkatalog, 2019 *

(*) Gelistet in der Deutschen Nationalbibliothek